DEN
SAKNADE LÄNKEN

SYDNEY BANKS

LONE PINE

The Publisher: Lone Pine Publishing Ltd.
Website: www.lonepinepublishing.com

Library and Archives Canada Cataloguing in Publication
Title: Den saknade länken / Sydney Banks.
Other titles: Missing link. Swedish
Names: Banks, Sydney, 1931-2009, author
Description: Translation of: The missing link. | Translated by Fredrik Lindström & Hannah Meyer
Sjöblom.
Identifiers: Canadiana 20240475720 | ISBN 9781774512289 (softcover)
Subjects: LCSH: Soul. | LCSH: Spiritualism. | LCSH: Psychology and philosophy. | LCSH: Mind and
body. | LCSH: Wisdom.
Classification: LCC BD421 .B36184 2024 | DDC 128/.1—dc23

Översättare: Fredrik Lindström, Hannah Meyer Sjöblom
Förlagsdirektör: Shane Kennedy
Omslag: Gaia Nasi, Gregory Brown

We acknowledge the financial support of the Government of Canada.
Nous reconnaissons l'appui financier du gouvernement du Canada.

Funded by the   Financé par le
Government   gouvernement
of Canada   du Canada | Canadä

PC: 41

Dedikation

Med beundran för

de många människor

världen över som dagligen

möter lidande och

försöker lindra det.

Den Saknade Länken

SYDNEY BANKS

Sydney Banks, en välkänd
författare och föreläsare, föddes i
Skottland 1931. Han levde och
arbetade under många år i Kanada
och började 1973 föreläsa på
universitet och sjukvårdsinrättningar
där samt över hela USA.
Banks unika filosofi och
iakttagelser har gett nya insikter
inom fälten psykologi och
utbildning. Genom att använda
denna grundläggande förståelse
inom sina respektive områden har
fler och fler lärare, läkare,
hälsoarbetare och människor i
affärsvärlden upplevt betydande
resultat i såväl sina arbeten som sina
privatliv.
Sydney Banks är författare till
älskade böcker som *Dear Liza*,
The Enlightened Gardener och
The Enlightened Gardener Revisited.

Den Saknade Länken

Innehåll

Förord

Författarens gåva och denna boks viktigaste bidrag är förmågan att ena områdena psykologi och andlighet.

Den här boken, *The Missing Link*, kopplar samman den andliga och den psykologiska naturen hos mänskligheten. Den visar läsaren att dessa aspekter av livet är, och alltid har varit, *en* – precis som sju dagar och en vecka är två olika sätt att benämna en och samma tidsrymd.

Författarens ord försöker visa oss
att alla kunskapsområden är som
nyanserna i regnbågen bakom ett
prisma; de bara *ser ut* att vara
något annat än ljuset på andra
sidan.

Jag rekommenderar den här
boken till alla, professionella,
studenter eller lekmän, som är
ute efter en djup, intressant,
psykologisk eller filosofisk resa
som kommer att stimulera sinnet
och ge läsaren tankeställare.

George Pransky, PhD, MFCC

Förord

Sanningen i den här boken talar
direkt till läsarens hjärta och själ.
Den öppnar dörren till ett inre liv
i stabilitet och förnöjsamhet som
alla intuitivt har vetskap om, men
som många i sina dagliga bestyr
har tappat kontakten med.
Med en kärleksfull röst från en
författare som talar med
säkerheten hos någon som är
upplyst, erbjuder den här boken
tröst till de i världen som lider,
hopp till de missmodiga, en
riktning till de som är vilsna och
förnöjsamhet till de missnöjda.

Den Saknade Länken

Den talar på ett enkelt sätt, men
ändå med grundläggande
visdom, om den inneboende
potentialen till välmående, frid
och glädje som är tillgänglig och
ligger nära till hands hos alla
människor. Den belyser kraften i
den mänskliga anden på ett sätt
som överskrider olikheter och
väcker det bästa i alla människor.
Ingen kan läsa den här boken
utan att bli berörd och inspirerad.

Judith A. Sedgeman, Ed. D.

Introduktion

Det finns de i denna värld som inte tror att mirakel sker. Jag kan försäkra sådana skeptiker att de gör det.

Med hopp och tilltro som ledstjärnor kan vad som helst hända.

Om dessa texter ger en andra chans i livet till en enda människa så har mitt arbete inte varit förgäves.

Sydney Banks
Mars 1998

Den Saknade Länken

Den Saknade Länken

En av de största missuppfattningarna någonsin är tron att ...

"Det tar år att finna visdom."

Många upplever tid, få upplever visdom.

Att uppnå mental balans och sinnesfrid är *en* tanke bort för alla på jorden ... *om* du kan hitta just den *tanken.*

Genom tiderna har människor
upplevt insikter som spontant
och totalt har förändrat deras
beteende och deras liv, vilket gett
dem en glädje de tidigare trott
varit omöjlig.

Att hitta visdom har ingenting
med tid att göra.

Att uppnå mental stabilitet
handlar om att hitta hälsosamma
tankar från ögonblick till
ögonblick. Sådana *tankar* kan
vara ljusår eller en sekund bort.

Den andliga energin i alla ting,
oavsett om den är i form eller
formlös, har många namn.

Natur är den fysiska form den
andliga energin har antagit.

Tro mig, den subtila sanningen
som alla människor söker
kommer aldrig att hittas i den
illusion av form som vi kallar
natur.

Se djupt in i din själ; det är där du
kommer att finna svaret.

Dina tankar och känslor är en
spegling av din själ.

Varje levande själ upplever livet
individuellt. Det är därför alla
människor lever i och ser en
separat verklighet.

Den gudomliga sanning som
finns inuti varje levande själ
förändras aldrig. Den är evig.

Det gudomliga övergår från
formlöst till form och som
människor är vi både åskådare
och aktörer i denna andliga
teater, kallad livet.

De stora mystikerna i världen
som försökt förklara sådan
kunskap hade inget annat val än
att tala i metaforer, väl medvetna
om att deras ord bara kunde
representera den andliga visdom
som finns i medvetandet hos *alla*
människor.

*Alla människors psyken är rotade i
universell sanning och ingen persons
psyke är bättre än någon annans.
Det är bara graden av individens
psykologiska och andliga förståelse
som gör att det ser ut att variera.*

Ord är endast en form. Lyssna
inte till orden utan till *det som
orden försöker förmedla.*

Kom ihåg ... *det är inte leran som
representerar skulpturen utan den
form konstnären har format den till.*

På samma sätt som skulpturens
lera, är *tanke* inte verklighet.
Däremot är våra personliga
verkligheter formade genom våra
tankar.

Vid födelseögonblicket upptäcker
det orörda sinnet *skapelse,* och
livets dualitet uppstår. Från den
stunden lever du i en värld som
styrs av *tanke.*

När du har klarhet och renhet i
tankarna kommer svaret du söker
att visa sig, för det du söker finns
med dig och har alltid funnits
med dig.

I våra sinnens stillhet finns en
inneboende kreativitet, som för
med sig den visdom och glädje vi
alla söker.

Teosofen

Teosofen

ilosofer söker efter
grundläggande principer. De får
kunskap genom att läsa böcker
och studera andra människors
åsikter och koncept för att sedan
smälta samman dem med sina
egna personliga åsikter om livet.

En teosofs förståelse kommer från
en direkt upplevelse utifrån hans
eller hennes egen *medfödda*
kunskap, eller om du så önskar,
från vad som ibland kallas
Ursprunglig Tanke.

Filosofi undersöker den kända
fysiska världen. Teosofi
inrymmer både världen av form
och det formlösa.

Att söka sanningen enbart i
formen är bara halva sanningen;
det fångar dig i en kosmisk lögn.

Alla människor på jorden är både
en filosof och en teosof.

Det ena är en inlärd intellektuell
process. Det andra är en
förståelse av kunskap inifrån
djupet av vårt eget medvetande.

Sådan kunskap kan inte köpas
eller säljas som en vara på en
marknad. Den hittas inte heller i
något avlägset land.

Den är dold i djupet av din själ.

Det är därför man bara kan få
sådan kunskap genom en insikt
från ens *egen* inre visdom.

Alla i denna värld delar samma inneboende källa av visdom, men den är gömd bakom virrvarret av våra egna vilseledda personliga tankar.

Tre principer

Tre principer

Sinnet, *Medvetandet* och *Tanken* är de tre principerna som gör det möjligt för oss att känna igen och svara an på tillvaron.

De är de grundläggande byggstenarna, och det är genom dessa tre komponenter som alla psykologiska mysterier vecklar ut sig.

De är vad jag kallar den psykologiska treenigheten.

Sinnet, Medvetandet och *Tanken* är
andliga gåvor som gör det
möjligt för oss att se det som
skapas och vägleder oss genom
livet.

Alla tre är universella konstanter
som aldrig kan förändras och
aldrig separeras.

Alla filosofier föds via dessa tre
gåvor och är ett direkt resultat
av det korrekta eller inkorrekta
användandet av dessa principer.

Alla psykologiska funktioner
föds ur dessa tre principer.

Allt mänskligt beteende och alla
sociala strukturer på jorden är
formade via *Sinnet, Medvetandet*
och *Tanken*.

Inom kemin skapar två eller flera
element föreningar med
varandra. Det är på samma sätt
med de psykologiska elementen
... *Sinnet, Medvetandet* och *Tanken*.
Dessa tre element skapar
psykologiska föreningar som
är våra egna personliga
psykologiska verkligheter.

Sunda föreningar – känslor,
såsom medkänsla, ödmjukhet,
kärlek, glädje, lycka och
förnöjsamhet – är alla rotade i
positiva tankar.

Hat, avundsjuka, osäkerhet,
fobier och känslor av depression
är alla föreningar av *negativa*
tankar.

Alla känslor, oavsett om de är
negativa eller positiva, uppstår
och får liv från *Tankens* kraft.

Oavsett vad du *tänker* på, så
måste det vara en förening. Även
om du inte håller med om vad jag
säger är det din *tanke*.

Alla tre elementen – *Sinnet,*
Medvetandet och *Tanken* – är livets
kanal till vår faktiska existens.
Det är genom dessa tre element
som vi har förmågan att förstå
själva livets existens.

Mental funktion kan omöjligen
existera utan dessa tre
psykologiska element. De är
byggstenarna i allt mentalt
beteende.

Det finns inga fler, inte heller
färre, än dessa tre. De skapar all
mänsklig upplevelse.

Sinnet, Medvetandet och *Tanken* är
den kompletta treenigheten av all
psykologisk funktion. Saknas en
av dem existerar inte heller de
andra.

Alla levande varelser, stora som
små, tolkar det de tänker om livet
genom dessa tre gudomliga
gåvor.

Sinnet

Sinnet

*V*arje mänskligt sinne har direkt tillgång till sin upplevelse här på jorden. *Det mänskliga sinnet har alltid tillgång till sina egna andliga rötter ... varifrån det kom.*

Det *Universella Sinnet,* eller det *icke-personliga sinnet,* är konstant och oföränderligt.

Det *personliga sinnet* befinner sig i ett konstant tillstånd av förändring.

Alla människor har den inre förmågan att synkronisera sitt *personliga sinne* med sitt *icke-personliga sinne* och därigenom skapa harmoni i sina liv.

Vissa tror att hjärnan och sinnet
är samma sak. Det måste dock
finnas en kraft bakom hjärnan för
att få den att fungera.

Hjärnan och sinnet är två helt
olika saker.

Hjärnan är *biologisk*.
Sinnet är *andligt*.

Hjärnan fungerar som en dator:
vad än du stoppar in i den är allt
du får ut. Detta är *logik*.

En viktig sak att förstå är att det *Universella Sinnet* och det *personliga sinnet inte* är två sinnen som tänker olika, utan två sätt att använda samma sinne.

Världen, i formen av natur, är en *reflektion* av det mänskliga sinnet, vilket skapar ett *illusionärt mellanrum* mellan det andliga och det fysiska.

Detta mellanrum skapar i sin tur *livets dualitet*. Fångade i denna dualitet blir våra sinnen desillusionerade och vilsna.

När det mänskliga sinnet stiger i gudomligt medvetande börjar mellanrummet mellan subjekt och objekt försvinna och livets enhet framträder.

Det finns ett *Universellt Sinne,*
gemensamt för alla, och var du
än är, finns det med dig, alltid.

Det finns ingen ände eller
begränsning, inte heller några
gränser, för det mänskliga sinnet.

Medvetandet

Medvetandet

lla levande varelser har
fått *Sinnets, Medvetandets* och
Tankens kraft, vilket ger dem
möjligheten att observera
gudomlig skapelse, eller form.

Medvetandet är
uppmärksamhetens gåva.

Medvetandet möjliggör
upplevelsen av form. Form som
är ett uttryck av *Tanken.*

Någonstans i vårt medvetandes
innersta djup finns svaren på
frågorna som hela mänskligheten
söker.

När vår nivå av medvetande
sjunker tappar vi våra känslor av
kärlek och förståelse och
upplever en värld av tomhet,
förvirring och förtvivlan.

När vår nivå av medvetande
stiger återfår vi *Tankens* renhet
och då även våra känslor av
kärlek och förståelse.

Mental hälsa finns inuti
medvetandet hos alla människor,
men den är dold och hålls fången
av våra egna felaktiga tankar.

Det är därför vi måste se förbi
våra förorenade tankar för att
hitta renheten och visdomen som
finns i vårt eget medvetande.

När de vise säger att vi ska söka
i vårt inre vägleder de oss bortom
intellektuell analys av den
personliga tanken till en högre
nivå av kunskap som kallas
visdom.

Visdom är en inneboende
intelligens som alla har i djupet
av sin själ, före föroreningen av
den yttre världen av skapelse.

Finn den andliga visdom, som
från ditt inre kommer att guida
dig genom livet.

Det är här du kommer att hitta
känslorna av kärlek, förståelse
och förnöjsamhet.

Att den döve inte kan höra ljudet
av havets vågor som slår mot
stranden, eller att den blinde inte
kan se det vackra i en
hösthimmel, betyder inte att
havet eller himlen inte existerar.

Så, stäng dina ögon, som den
blinde.

Håll för dina öron, som den döve.
Gå till ditt inre och förstå ... det
du söker har funnits där, inom
dig, hela tiden.

Det är då den blinde kommer att
se och den döve kommer att höra.

Tanken

46

Tanken

anken är ett gudomligt redskap, varken mer eller mindre, bara ett redskap. En vis person använder detta redskap efter sin bästa förmåga, likt en skicklig hantverkare.

Tankens kraft är inte självskapad.

Tanken är en gudomlig gåva som tjänar dig från det ögonblick du föds.

Tanken är den skapande kraft vi använder för att navigera genom livet.

Tanken är huvudnyckeln som öppnar
en värld av verklighet för alla
levande varelser.

Tanken är den saknade länken som
ger oss förmågan att känna igen den
illusionära separationen mellan den
andliga världen och världen av
form.

Tanken är en gåva som i sig själv
är helt neutral.

*Tanken är inte verklighet; ändå är
det genom Tanken som våra
verkligheter skapas.*

Det är hur vi som människor
tolkar våra tankar som styr vad
vi tänker om livet.

Bland de största gåvor som givits
oss är förmågan till fri tanke och
fri vilja, vilket ger oss
individualitet, som gör det
möjligt för oss att se livet
som vi vill.

Samma gåvor kan också vara
mänsklighetens största svagheter.
Vi saknar ofta styrkan att ändra
vår uppfattning och fastnar
därför i negativa tankar och
beteenden från förr.

Ju renare dina tankar är, desto
mer kärlek och förståelse
kommer det att finnas i ditt
hjärta.

Positiva tankar skapar ett
hälsosamt sinne och ett stabilt liv.

Optimism är en andlig kvalitet
och en ledstjärna som kommer att
visa dig vägen till din lycka.

Pessimism, å andra sidan, är en
sjukdom i det mänskliga
tankesystemet som leder
tänkaren in i förtvivlans mörker.

Negativa tankar skapar negativa
känslor, som i sin tur skapar
negativa beteenden, och är fröna
till mänskligt lidande.

"Som man sår, får man skörda."

När våra sinnen är i harmoni
med det som är gott, håller våra
tankar oss inte längre fångna vid det
som är ont.

När du börjar se *Tankens* kraft och
dess förhållande till ditt sätt att se
livet på, kommer du förstå dig
själv och världen du lever i bättre.

För att hitta det du söker, överge
alla tankar på att det finns en
separation mellan den *andliga* och
den *fysiska* världen.

De visa medicinmännen hos den
nordamerikanska
ursprungsbefolkningen talade
om världen som *en* ande. De
hänvisade till skaparen av alla
ting som den "*Stora Anden*".

Det var deras sätt att förklara
livets enhet.

Tanken är ett gudomligt redskap
som är länken mellan dig och ditt
gudomliga arv, och kärnan i all
psykologisk funktion.

Du kan inte ens vara medveten
om skapelse utan närvaro av
Tanken.

Tanken är den saknade länken
mellan mental ohälsa och mental
hälsa. *Tanken* är också den
saknade länken mellan glädje och
sorg.

Ditt *personliga sinne* aktiverar
dina tankar och gör dem bra eller
dåliga.

Du har ingen kontroll över vad
andra tänker, men du har
förmågan att kontrollera vad du
själv tänker.

Våra tankar är kameran, våra ögon är linsen. För dem samman och bilden vi ser är verklighet.

I tystnaden bortom alla ting ligger den gudomliga kunskapen som kommer att hjälpa till att guida dig genom livet.

Se *in i ditt eget medvetande,* för här finns svaret på mänsklighetens alla problem.

Dina tankar är som konstnärens
pensel. De skapar en *personlig*
bild av verkligheten du lever i.

Tanken styr oss, likt rodret på ett
skepp, till det lugna vattnets
trygghet eller till undergången
mot de klippiga stränderna.

Den vise säger,
"Jag tänker, alltså finns jag."

Dåren säger,
"Jag *tänker* inte så."

Människor spekulerar ofta kring hur många komponenter tanken består av.

Tanken består inte av några komponenter. Tanken är en gudomlig kraft. Den är ett element som aldrig kan brytas ned i mindre delar.

Det är vi människor som använder *Tanken* för att skapa saker som våra känslor, humör och generella uppfattning om livet.

Tanken kan användas på *oändligt* många sätt.

Ju mer vi vistas på livets positiva
sida, desto mer kommer *hoppet*
att bli en fyr, som lockar in
positivitet i våra liv och leder oss
mot ett stabilt och mer förnöjsamt
sätt att leva.

Många människor gör misstaget
att tro att deras humör skapar
deras tankar. I verkligheten är
det deras tankar som skapar
deras humör.

Det *personliga sinnet* är skaparen
av all aktivitet. Det *personliga
sinnet* är skaparen av allt lidande,
alla förväntningar, alla idéer och
all falsk gudomlighet.

Hopp och tro följs åt. Med hopp och tro i ditt hjärta kommer du att hitta den perfekta väg du söker.

När ditt sinnes begär besvärar
din ande blir ditt liv kaotiskt.
Mitt råd är att du lär dig frigöra
dig från alltför många begär.

Livet på jorden är kort, så akta
dig för att sträva efter
berömmelse och framgång.
Många som finner detta lever
aldrig för att njuta av dem.

Många människor skulle lyckas i
livet om inte deras ambitioner
var så mycket större än deras
förmågor.

Många som strävar mot månen
startar sin resa med att snubbla
över sina egna fötter.

Allt på jorden kommer från en gudomlig källa. Våra personliga tankar avgör vad vi tänker om formen den har tagit i våra liv.

Tanken är kopplad till våra fem sinnen.

Våra sinnen har ingen förmåga att särskilja. De styrs och informeras av vår personliga *Tankes* kraft. Utan *Tanken* skulle våra fem sinnen sakna värde.

Våra fem sinnen och våra egon är
bara partiklar av helheten, precis
som illusionen av tid och rum bara
är partiklar av helheten.

Svaret människor söker ligger
inte i deras enskilda övertygelser,
utan i insikten att *Tanken* är den
gemensamma nämnaren i all
psykologisk och andlig förståelse.

Livets dualitet

Livets dualitet

Natur är en kosmisk illusion inrymd mellan tidens, rummets och materians gränser.

När man vaknar upp från detta illusionära drömtillstånd kallas det för *Det Stora Uppvaknandet*.

När människor letar efter sanning söker de ofta i två riktningar – i formen och i det formlösa – och skapar därigenom idén om livets dualitet.

Livskraften bortom alla ting har ingen form, ändå ger den form till alla ting.

I tankens illusoriska värld tror
många att det *inre jaget* är Gud
och det *yttre jaget* är kroppen.
Men jag kan försäkra dig, det inre
jaget och det yttre jaget är en och
samma sak.

Dina ögon måste se i singular om
du vill finna sanningen.

När du förstår detta kommer du
att genomskåda illusionen av
livets dualitet.

*Allt liv är gudomlig energi, vare sig
i form eller formlös.*

När den här energin tar form,
kallar vi den för natur.

Både formen och det formlösa,
skapar tillsammans helheten,
livets *enhet*, det som vi kallar Gud.

Ingenting kan möjligen vara
större än eller separerat från
helheten. Bara egot lider av
sådana vanföreställningar.

Vårt *personliga* sinne, det som
ibland kallas egot, tillsammans
med vårt medvetande, motsvarar
vår verklighet i sin helhet.

Vårt ego, kombinerat med våra
fem sinnen, skapar ofta linser
som förvränger. Det hindrar oss
från att utvecklas till vår sanna
andliga natur.

Ibland fängslas vi av vårt ego och
blir fångar i våra egna förorenade
tankar.

Egot överdriver vår betydelse
och är strikt relaterat till det
personliga jaget och det
personliga intellektet.

Egot skapar dualitet och
separerar oss från den stora
gudomliga enheten och den
visdom vi söker.

Försök inte förstå de vises ord
från ett intellektuellt perspektiv.

Lyssna efter en positiv *känsla*.

Positiva känslor kommer att ge
dig svaren du söker. Att gräva i
det egot har skapat kommer inte
att göra det.

Låt inte egot vara föremålet för dina funderingar. Om du gör det kommer dina ansträngningar att vara förgäves.

Fokusera på den *saknade länken* mellan vår psykologiska natur och vår andliga natur.

Sanningen du söker kommer inte från böcker eller det talade ordet, utan inifrån mänsklighetens själ.

Inget på jorden kan vara mer
paradoxalt än sanningen, för
sanningen representerar såväl
formen som det formlösa.

Utan den ena är den andra bara
halva pusslet.

Utan den ena är den andra av lite
värde och en kosmisk lögn.

När vi börjar återfå den sanna relationen mellan vår *personliga intelligens* och den *andliga visdom* som finns inom oss utvecklar vi en högre grad av intelligens och sunt förnuft. Detta ordnar i sin tur upp våra vilseledda liv.

Att söka
upplysning

Att söka upplysning

*V*i söker alla upplysning
oavsett om vi är medvetna om
detta faktum eller inte, och jag
säger dig följande min vän ...

Renare tankar är pinnarna i stegen
som leder till lycka.

Det Universella centret av alla
ting, kallar vi Gud.

Det individuella centret, kallar vi
en själ.

I djupet av våra själar, upptäcker
vi vårt gudomliga arv.

*Det är inte ordets kraft eller styrkan i
vår beslutsamhet, utan våra sinnens
djupa och tysta arbete som för det*
inre jaget *och det* yttre jaget
samman, i harmoni.

Det är därför många försöker
tysta sitt sinne genom meditativ
kontemplation. De söker ett
renare tillstånd av *Tanken.*

Mina ord kan verka för enkla,
men jag säger det igen, sanningen
är enkel.

Leta efter sunt förnuft; vanligt,
gammaldags sunt förnuft.

När man söker visdom tenderar
man att upptäcka att i enkelhet
finns komplexitet. De som inte
inser enkelhetens djupa natur är
mycket benägna att vilja utveckla
sina upptäckter och mister
därmed essensen.

Leta efter *psykologisk logik* ...
psykets logik.

Före skapandet av fysisk
verklighet och föroreningen av
personlig tanke, var *själ* och
medvetande samma gudomliga
intelligens.

Avskuren från sin medfödda
visdom upplever en vilsen
tänkare isolering, rädsla och
förvirring.

Det är därför det finns så mycket
hemskheter världen över.
Nyheterna är fulla av krig, mord
och svältande barn.

Okunskap om vår egen inre
visdom är orsaken till synd. Utan
sådan okunskap skulle det inte
finnas någon synd.

Vårt personliga tankesystems
felfunktion leder till
nedbrytningen av personliga
relationer och till att samhällen
faller sönder, vilket skapar
onödigt lidande och sorg.

Mänsklighetens vilseledda *tankar*,
avskurna från sin egen inre
visdom, orsakar allt våld, all
grymhet och all omänsklighet i
den här världen.

Sedan tidernas begynnelse är
varje samhälles tillstånd ett direkt
resultat av dess betingade sätt att
tänka.

Som du tänker, så skall du
höra.

*Den vise hör dårar såväl som
kloka.*

Dåren hör bara dårar.

Den Saknade Länken

Att välja en lärare

Att välja en lärare

Det finns så många lärare i
världen och så många teorier om
livet. När du väljer en lärare,
fråga dig själv ...

Är min lärare en välbalanserad
person?

Är han eller hon lycklig?

Återspeglar och uppvisar min
lärare den livskvalitet jag önskar?

Om svaret på någon av dessa
frågor är nej, fortsätt ditt
sökande. Annars kan du bli en av
de blinda, ledd av en blind.

Jag hyser stor beundran för
världens präster och terapeuter.
De är båda mänsklighetens
hjälpare; endast deras
tillvägagångssätt och deras ord
skiljer sig åt.

Predikanten försöker rena våra
själar.

Terapeuten försöker rena vårt
medvetande.

Ursprungligen undersökte
psykologin kopplingen mellan
sinne och *själ*, tills den teorin
övergavs.

När psykologer slutade utforska
kopplingen mellan *sinne* och *själ*,
förlorade de två av de viktigaste
ledtrådarna till vad de sökte.

I stället fokuserade de på
beteende, vilket leder oss bort
från vår sanna psykologiska
natur, något som i slutänden
leder oss till att bli passiva offer
för livet.

Från beteendeperspektivet
uppstod en mängd tekniker. Men
jag kan försäkra dig, tekniker är
för terapeuter vad ritualer är för
kyrkan. De leder dig bort från
den egentliga sanning du söker.

Snälla, förstå att jag inte fördömer
de nuvarande lärorna. Jag säger
bara att många inte inser vikten
av att hitta sin *egen* inre visdom.

Det är en enorm skillnad mellan
att hitta din *egen* inre visdom och
att anamma någon annans
övertygelser.

Om du anammar någon annans
övertygelse för att ersätta din
egen, kan du uppleva en tillfällig
placeboeffekt, men du har inte
hittat ett bestående svar. Om du
däremot ersätter en tidigare
övertygelse med en insikt från *din*
egen inre visdom, kommer
effekten och resultaten vara både
överlägsna och bestående.

Det är en sak att *lyssna* till de
vises ord och en helt annan att
vara en *följare*.

En bra lärare kommer att tala om
för dig att du aldrig bör bli en
följare. En vis lärare kommer att
locka fram din medfödda
kunskap.

Följare misslyckas. De anammar lätt andras övertygelser och slutar tänka själva.

Följ *aldrig* andras ord blint, i så fall kommer du bara att anamma en annan persons verklighet. Du kommer bara hindra dina egna framsteg genom att söka efter kattguld.

Använd ditt eget sunda förnuft.

Akta dig för sekter och
organisationer som vill ta ifrån dig
din rätt att tänka fritt.

Om du blir en *följare*, förlorar du din
självständighet och blir en slav
under någon annans idéer och
övertygelser. Du ger upp din *fria
vilja* och *tankens frihet*, två extremt
värdefulla tillgångar i livet.

Att leva
i nuet

Att leva i nuet

*G*enom århundradena, har de
visa sagt till oss att leva i *nuet*. Av
den anledningen säger jag dig ...

Det förflutna är ett spöke som du
inte kan hålla i din hand.

Framtiden kan inte fångas,
oavsett hur åtråvärd eller
lockande den verkar.

Inte heller nuet kan hållas kvar,
hur vackert eller spännande det
än må vara.

Börja processen med att ge själen
näring genom att leva i *nuet*.

Glöm det förflutna och framtiden
och *bara var*. Du kommer med all
säkerhet att belönas genom att
leva i *nuet*.

När österländska mystiker
beskriver *nuet*, talar de inte om
i dag som en specifik dag i
månaden eller på året. Deras
betydelse går djupare. När
sådana människor talar om *nuet*,
menar de att det *personliga sinnet*
är fritt från föroreningarna av
gårdagens minnen och rädslor.

Detta frigör i sin tur sinnet till att
kunna se saker med klarhet, som
de *är*, inte genom förvrängda
minnen och farhågor.

Att leva i *nuet* kräver ett klart
sinne.

För att rena våra sinnen kan vi
behöva släppa taget om något för
att kunna ta emot något.

Om du skulle vilja ersätta ett glas
med gammalt dåligt vin med nytt
fräscht vin måste du först hälla ut
det gamla vinet. Detsamma gäller
när vi renar våra sinnen från
oönskade, gamla tankar.

*Vi måste göra oss av med gårdagens
negativa tankar för att kunna ta
emot dagens nya och positiva
känslor.*

Jag begär inte av någon att de ska
ignorera sina tidigare
upplevelser. Detta skulle vara
förnekelse, och förnekelse är *inte*
ett hälsosamt tillstånd.

Sök i stället en tydligare
förståelse av det förflutna. Inse
att de negativa känslorna och
upplevelserna från tidigare
traumatiska händelser *inte längre*
är sanna. De är bara minnen, en
samling av gamla, föråldrade
tankar.

Lika säkert som att rost sakta
förstör det starkaste stål, fräter
hat och negativa tankar på
mänsklighetens själ.

Negativa tankar är som repor på
ett fönster: de hindrar dig från att
se livet med klarhet. När de
negativa tankarna upphör,
försvinner reporna och fönstret
blir kristallklart. Då kan du se
livets skönhet och positiva sidor.

Det förflutna är dött. Glöm det
som är gammalt och dött och
börja livet på nytt.

Överge de rastlösa, efterhängsna
spökena från gårdagen och frigör
dig själv för att leva i det vackra
av i dag.

Ändra dina tankemönster från
negativa till positiva och
omständigheterna i ditt liv
kommer automatiskt att
förändras till det bättre.

Precis som en trädgårdsmästare
rensar trädgården från oönskade
ogräs måste vi rensa våra sinnen
från skadliga tankar, som likt
ogräs tränger bort det vackra som
finns i våra sinnen.

Jag kallar processen att frigöra sig
från negativa tankar en *andlig
behandling för sinnet.*

Våra *tankar* är vår guide. En bra
guide navigerar i livets labyrint
genom att följa *kärlekens* och
förståelsens stig.

Om dina tankar förirrar sig in på
en negativ och skakig väg, ta dem
inte på för stort allvar.

Avstå från att analysera. Jag
garanterar dig att du annars
kommer att analysera dig själv i
all evighet utan att nå ett slut och
misslyckas bittert med att finna
sinnesro.

Händelser i det förflutna kan ha
påverkat våra nuvarande
personliga och sociala problem,
men tro mig, det finns inga svar
på dessa problem i det förflutna.
Bara i nuet kan svaret hittas.

Intensiteten och betydelsen av
sådana händelser försvinner när
vi ser att det förflutna *inte längre*
är en verklighet utan ett *minne*
buret genom tiden av våra *egna*
tankar.

Ägna dig inte åt
omständigheterna från det
förflutna, utan vänd blicken mot
sambandet mellan orsak och
verkan. Se den verkan och de
konsekvenser *tanken* har på vårt
dagliga liv.

Sök enkelhet och logik ...
psyko-*logik*.

När ditt sinne är fullt av *negativa*
tankar, kommer du automatiskt
att se och leva i en negativ
verklighet.

Enligt samma regel lever ett sinne centrerat kring positiva tankar automatiskt i en betydligt mer behaglig verklighet.

Släpp dina negativa tankar. De är inget annat än *passerande tankar*.

Du är då på väg att finna den *sinnesro* du söker, med sundare känslor gentemot dig själv och andra.

Detta är enkel logik.

Känslor

Känslor

åra *känslor* är barometern för våra *tankar*.

När sinnet är fullt av positiva tankar, råder orsak och verkan, vilket resulterar i en positiv *känsla*.

När sinnet är fullt av negativa tankar, råder återigen orsak och verkan, vilket skapar en negativ *känsla*.

Våra *känslor* avspeglar vårt
mentala välmående. Hitta
positiva och kärleksfulla *känslor*,
för de kommer att guida dig
genom livet betydligt bättre än
bitterhet och missunnsamhet.

Positiva tankar och känslor
kommer hjälpa dig att upptäcka
den mentala hälsa och visdom
som finns inom dig.

När du lär dig att förlåta de som
har gjort dig orätt i det förflutna,
kommer ditt sinne att klarna och
du får harmoni i livet. Det ger dig
möjlighet att se det som *är* i stället
för det som *inte är*.

Det som inte är ... *är livet sett genom förvrängda minnen.*

Det som är ... *är livet sett som det verkligen är nu, fritt från alla osanningar.*

Det plågade sinnet, som bjuder in kärlek och förlåtelse som gäster kommer med all säkerhet att nå nya höjder.

Kärlek och förlåtelse

Kärlek och förlåtelse

Kärlek och *förståelse* för det
mänskliga sinnet i harmoni med
dess sanna inre natur.

Vad du ger i livet är vad du får tillbaka.

Att ge kärlek är att få kärlek.

Ett sinne fullt av kärlek och goda
känslor kan aldrig misslyckas.

Kärlek och *förlåtelse* går hand i hand.
Utan dem blir livet överfyllt av
dåliga känslor och missnöje.

Att döma våra egna eller
andras brister leder till
missnöje. Ett icke-dömande
sinne är ett förnöjsamt
sinne.

Ett hjärta fullt av kärlek är fritt
från allt dömande och är fyllt
av gudomlig ande.

Min kärlek är som en röd, röd ros;
Dess doft fyller min sfär;
Den för mig till en plats av ljus,
I stället för mörk misär.

Förlåtelse är gudomlig och har
underbara effekter på våra liv.

Förlåtelse är ett kraftfullt
botemedel för att rena tankarna
från negativa minnen. Den
befriar oss från de känslomässiga
fängelserna från vårt förflutna
och ger oss möjligheter att börja
livet på nytt.

Förlåtelse föder sinnesro.
Utan förlåtelse blir vägen genom
livet kantad av tvivel och
lidande.

Ett oförlåtande sinne tynger en
med negativa tankar, och håller
fast vid gårdagens smärtor. Det
förorenar och förhindrar tänkaren
från att leva ett lyckligt liv *nu*.

Det är förlåtelse som tillåter dig
att se dagen i dag som en ny
upplevelse.

Gud har redan förlåtit dig för
gårdagens misstag, så varför
förlåter inte du dig själv?

Att dröja sig kvar i tidigare
prövningar och motgångar är att
förneka ögonblicket.

Om du lever i det förflutna, kan du aldrig hitta lycka. *Du försöker leva i en verklighet som inte längre existerar.*

Det är en missuppfattning att tro att om du förlåter någon som har skadat dig, tolererar du på något sätt deras beteende, och gör dig därmed sårbar så att du kommer att tillåta dem att upprepa sin sårande handling.

Så är det inte. Det är en väldig skillnad mellan att förlåta en *person* och att förlåta en *handling*.

Säg till exempel att du är på zoo
och går fram till en tigerbur. Om
du är dum nog att stoppa din
hand genom gallret och tigern,
eftersom den är en tiger, sliter
sönder din hand, så skulle du
säkerligen förbanna tigern.
Senare, när du tänkte på det, så
skulle du inse att det egentligen
inte var tigerns fel. Du skulle
förlåta den. Ändå skulle du utan
tvekan ha lärt dig att inte sticka
in din hand i buren igen.

Förlåtelse frigör *dig* från psykiskt
lidande och smärta, och alla
hemska negativa känslor som
ett *oförlåtande sinne* upplever.

När du lär dig *förlåta*, ser du med
tydlighet den okunnighet och
oskyldighet som finns hos de
som kränker dig.

Du inser att hålla fast vid gamla
gräl är som en girig person på
djupt vatten som krampaktigt
håller fast vid en säck med
kattguld, omedveten om att
kattguldet bara är tunga,
värdelösa stenar som tynger ner
honom.

Det finns inget sätt att garantera
ett bekymmersfritt liv.

Livet är som vilken annan
kontaktsport som helst. Du kan
stöta på svårigheter av ett eller
annat slag.

Visa människor finner lycka, inte
i frånvaron av sådana svårigheter
utan i sin förmåga att förstå dem
när de inträffar.

Visdom

Visdom

Andlig visdom finns i
*medvetandet hos alla levande
varelser.* Den är formlös. I det
ögonblick den uppenbaras för en
mänsklig själ, har den antagit en
form som bara kan peka mot dess
sanna natur.

I den gamla hawaiianska
religionen sa de visa prästerna,
Kahunas, att visdomen de
försökte förmedla var en
hemlighet som inte kunde
berättas.

De undanhöll inte hemligheten avsiktligt, utan kunde bokstavligt talat inte förmedla den endast genom ord, då ord bara symboliskt representerade dess sanna betydelse.

Svaret som söks ligger *bortom ordet*.

Ingen kan ge bort visdom. En lärare kan bara leda dig till den via ord, i hopp om att du har modet att se in i *dig själv* och hitta den i ditt *eget* medvetande ...

Bortom ordet.

Visdomen mänskligheten söker
finns *i medvetandet* hos alla
människor, fångad och fängslad
av deras egna personliga sinnen.

Visdom hittas inte i världen av
form, inte heller i avlägsna delar
av världen. Visdom finns *i vårt
eget medvetande.*

Bara *du* har den gyllene nyckeln
till din själ och visdomen som
finns därinne.

De som avvisar goda råd kan inte
bli hjälpta. Goda råd är sällan
välkomna i en dåres hem. Någon
som försöker tvinga på en sådan
person lärande är sannerligen
också en dåre.

För att hitta visdom, höj ditt
medvetande. Sök en *känsla av
tacksamhet* för det du redan har i
livet.

Tacksamhet och *belåtenhet* har
underbara effekter på våra själar.
De öppnar våra sinnen, och
bereder väg för *visdom* och
förnöjsamhet att träda in.

När du blir *tacksam*,
kommer ditt sinnes fängelsegaller
att falla. Du kommer att uppleva
sinnesro och förnöjsamhet.

Egot och vårt intellekt är
funktioner av våra *personliga*
sinnen, medan *visdom* är en
funktion av anden. Den ena är
dödlig, den andra odödlig.

Intellektuell observation är ego,
efter form.

Visdom återfinns före bildandet
av form.

Ego är bara vad du *tänker* att du
är och vad du tänker om livet,
varken mer eller mindre.

Vårt intellekt och vår inre visdom
bör arbeta tillsammans för att
skapa harmoni i våra liv. Men om
intellektet saknar visdom,
kommer kaos att regera. Detta är
tillståndet i världen i dag.

De som har hittat en balans
mellan sin intelligens och sin
medfödda visdom är de lyckliga.

Som människor måste vi titta
närmare på förhållandet mellan
vår andliga natur och vår
psykologiska natur.

Här kommer vi att hitta svaren vi
söker för att förändra det
bedrövliga tillstånd världen
befinner sig i.

Mänsklighetens medvetande
måste höjas. Bara då, när den
andliga och fysiska verkligheten
förenas, kommer vi att finna den
kraft och intelligens som kan
vägleda oss genom livet.

Visdom renar ditt sinnes kanaler
och för med sig förnuft in i ditt
liv.

Du måste själv hitta den.

Ren själ och rent medvetande kan
bara skiljas åt tillfälligt av
mänsklighetens felaktiga tankar
eftersom *själ* och *medvetande* är en
och samma.

Visdom är gudomlig näring för
själen; det är en gudagiven
intelligens innan föroreningen av
form eller personlig tanke.

Med visdom ser människor
bortom filtren och fördomarna
kring ras och kultur, och blir
medvetna om det vackra i alla.

En sådan förståelse gör det
möjligt för folk att sluta vara
rädda för och misstro de som är
annorlunda, och se det
gemensamma hos alla människor
oavsett kulturella skillnader.

Visdom applicerad på samhället
skulle mer än något annat kunna
sätta punkt för de etniska
sammandrabbningar och krig
som världen lider av i dag.

Visdom är opersonlig.

Visdom är odödlig och
oföränderlig.

Visdom är vägen till all andlig
förståelse.

Visdom är också vägen till all
psykologisk förståelse.

Vår psykologiska natur och vår
andliga natur är sammanflätade,
och ju mer de är i harmoni, desto
mer tillfreds kommer vi att vara.

Visdom skänker *sunt förnuft till
dem som finner den.*

Lösningarna på yttre komplexa
problem skapade av vilseledda
tankar kommer inte att uppstå
genom komplicerad analytisk teori,
utan framträda som en insikt,
omsvept av enkelhet.

Att till exempel försöka ta itu med
äktenskapsproblem genom att
använda en mängd olika metoder
och tekniker kan ge liten eller ingen
framgång. Men när ett par som gått
vilse finner *visdom* och *förståelse* i sitt
eget medvetande, kommer deras
äktenskapsproblem att börja lösas
upp.

Sök utan att söka, för det du hoppas
uppnå finns redan inom dig.

Det du söker har ingen form.

Om du försöker sätta en form på
det formlösa, kommer du aldrig
att hitta det.

Försök beskriva det formlösa
med ord, och ordet ger det
formlösa form. Det skapar en
illusion som leder dig längre bort
från det du söker.

Det finns många sätt att hitta den inre visdom som kommer att leda dig till ett hälsosammare sinnestillstånd.

Du måste använda din frihet att välja för att bestämma dig för din individuella väg.

Oavsett vilken väg du väljer kommer den visdom du söker alltid att hittas i djupet av ditt *eget* medvetande.

Välsigna dem,
som dig orätt gjort
Ty de ej vägen ser.
Sträck ut din hand
och hjälp dem
Och lyckan mot er ler.

Slut